BILIE NA NTỤ / RISE FROM THE ASHES

Catherine Okoronkwo, of Nigerian heritage, grew up in the Middle East and studied in the West. She holds an MA with distinction and PhD in Creative Writing from Manchester Metropolitan University. Her writings have been anthologised: 'The Killing' and 'Uncle Blessing', *Elevator Fiction* (Commonword, 2016); 'The Change', *Crossings Over* (University of Chester, 2017); 'Rage Rises', *Black Lives Matter: Poems for a New World* (Civic Leicester, 2020); 'Biafra', *Where We Find Ourselves* (Arachne Press, 2021); 'Aliens Live', *Poetry and Settled Status for All* (Civic Leicester, 2022). Her debut collection of poetry, *Blood and Water ọbara na mmiri*, is published by Waterloo Press (2020). She serves as a Church of England priest in London.

Also by Catherine Okoronkwo

Blood and Water ọbara na mmiri   (Waterloo Press, 2020)

CONTENTS

GONE, IN LOVE   9

DEY CALL AM GRIEF   11

ASHES RISE / MBILITE NTỤ   12

DI TIN WEY HAPPUN   13

BRUISED REED   15

NA SO IT DEY   16

MORTALITY   18

NDỊ DỊ NDỤ   19

BRAVEHEART   20

ON THE BRIDGE   21

SICKNESS AS GIFT / ỌRỊA DỊKA ONYINYE   22

THE BEATITUDES   23

REST IN PEACE   24

WAHALA DEY   25

TRURO, CORNWALL   27

CUSHI   29

COLLISION   30

TWO SISTERS   31

PILLAR OF SALT / OGIDI NNU   32

SAY. MY. NAME.   33

KWUO AHA M   35

BREAKFAST AT MOORIDGE   37

NRI ỤTỤTỤ N'OBODO MOORIDGE   38

REVELATION / MKPUGHE   39

LOST IN TRANSIT   40

O FURU EFU NA NGAFE   41

MY HEAD IS BROKEN   42

ISI M AGBARIELA   43

PENTECOST   44

HEALING   45

THE ROOM   46

OLAYINKA   47

DEATH / ỌNWỤ   48

FORGOTTEN THINGS   49

WINGED BEAST   50

KINTSUGI   51

SACCHARINE   52

ALGORITHM   53

ACKNOWLEDGEMENTS   55

ISBN: 978-1-917617-46-8

Cover designed by Aaron Kent

Edited and Typeset by Aaron Kent

Broken Sleep Books Ltd
PO BOX 102
Llandysul
SA44 9BG

Bilie Na Ntụ / Rise from the Ashes

Catherine Okoronkwo

Broken Sleep Books

The steadfast love of the Lord never ceases,
his mercies never come to an end;
they are new every morning; great is your faithfulness.

— Lamentations 3.22-23

GONE, IN LOVE

paintbrush strikes
canvas - wild, heavy
in the mist
in the sand
on sandalwood

in my hand
tears no longer fall
after hours
of movement
paint bristles move

across grooves
knots & crosses, a game
by a spirit being
displaces overwhelming
dark emotion

in pericardium
in cranium
in voice box
tears no longer fall
on yesterday's canvas

called grief
dey call am grief
dey call am grief
dey call am grief
an image comes alive

father wrung
in sepsis struggle
descends into thick
foliage - bathed
in love, tears fall.

DEY CALL AM GRIEF

ma head don scatter

ezigbo scatter

i think na dream be dis

na so e dey be

di tin hapun two weeks before

I don reach fifty

imagine di sadness

dis life

no fit love person

i no get papa again

how person just die laidat

ASHES RISE

Chukwu swallowed the wind the day we put Mama Ukwu in the ground. in the bedroom. beneath the bed. took three hours to dig the hole. I imagined blood seeping. them shook with weeping. the woman who wiped buttocks, kissed elbows, struck knees. they ate cassava, pounded yam, a cow. her seeds: five boys, two girls. some long gone. grief swells, rocks from side-to-side. them drunk palm wine, brandy — until giddy. coconut falls from a tree. *wetin happun? wetin happun?* onlookers murmur. songs fill the well, feverish and deafening. ancestors receive the gifts of the living and the dead. once ripened, soft flesh. dust dust dust. a scattering of ashes, rise.

MBILITE NTỤ

Chukwu loro ifufe ụbọchị ahụ anyị dọnyere Mama Nnukwu n'ime ala. n'ime ụlọndina. n'okpuru àkwà. o were awa atọ iji ègwu olulu ahụ. a nọrọ m chee etu ọbara si edepụta. ha niile nọcha na-ama jijiji n'akwa arịrị. nwaanyị ahụ nke hichara ikè ya, susuo ikpere aka ya ọnụ, kụọ aka n'ikpere ụkwụ ya. ha riri ụtara akpụ, ụtara ji, otù ehi. ọtụtụ mkpụrụ ya: ụmụ okorobịa ise, ụmụ agbọghọbịa abụọ. ọtụtụ ahapụkwala kemgbe. akwa arịrị nke iru ụjụ na – ekowanye, site n'akụkụ fere n'akụkụ. ha ṅụrụ mmanya nkwụelu, mmanya nkwụọkụ, tupu ruo o gbuwe ha. akụ bekee site n'elu osisi daa. *gini mere? gini mere?* ndị na-ekiri ihe na-emenu na-atamu ntamu. ukwe jupụtara olulu anyammiri ahụ, ahụọkụ na ntị ochichi. ndị nnaochie na-anara onyinye niile nke ndị dị ndụ nakwa nke ndị nwụrụ anwụ. ozigbo ọ chaara, akpụkpọahụ adị nrọ. uzuzu, uzuzu, uzuzu. ntụ nke e fesara efesa, bilite.

DI TIN WEY HAPPUN

ma pipo
di tin wey happun
it cause ma belle to ache ache

di pain wey dey for ma heart
no be small tin abeg
no be like bullet pass flesh
puncture lungs and heart
di pain chook me for inside

dem tok say na the life wey we find ourselves
everytin wey get beginning go end
na miracle I pray for
but ma God no butta ma bread

e dey pain me how ma papa, the one wey born me
come leave dis world
I no fit breathe
I no fit pray
I no fit read bible

di tin vex me oh
no be rumour

I no fit bear am

ma heart dey break and ma life dey pieces

I no fit hold myself

no be small tin

ma pipo

everytin spoil

I don tear head

wetin dey do this ma God sef?

wetin I go cry?

God if you dey here, my papa no for die

I go miss ma papa well well

BRUISED REED

after Michael Longley Terezin

Ngozi painted swift brushstrokes, no
longer aware of the fading light in the room,
captivated by shades of red and gold. Has
it all been lost? The truth she held for ever,
disappeared when Nkem came home drunk. It'd been
the night before, he told her about the other, as
if they were 'friends with benefits' and not lovers. Silent,
Ngozi took a breath, stabbing chest unbearable as
she stared at the human who once told her, 'the
only person I'll ever dream about is you, in this room'.

NA SO IT DEY

wen i dey young pikin
i no know wetin be life sef
after eating akamu and bread for morning
ma sisters and brothers
go play all day for yard

small small
i grow on, grow up, grow out
soon reach level of "fine fine babe"
pipo tok pretty girls na so dey be
and na so it was with me

dem days i waka everywhere,
de booze, de shack with ụmụ nwoke
fill belle with suya, nkwobi, roasted fish
sway ma wide hips to rhythms of Afrobeats
puff tobacco, drink plenti pammy

small small
i pass di fire of life, no be small tin
for gold to become gold e must pass through fire
di kain hellfire wey pesin enta forget close door
ọ bụ otu m'uhuru ndụm?

na so it dey how i see ma life

dem days don disappear like mist

di bible don tok am: Ndụ gị dị ka alụlụ—

ọ nọ ebe a ntakịrị oge, mgbe ahụ ọ ga-apụ

we dey here today, gone tomorrow

small small

di night no be for stories, shakara or ịgba egwu

i find ma sef in di season of echiche

wonder if dis Chineke wey i risk everytin for

whether im go catch me wen ma eyes

don close for dis world.

MORTALITY

In each generation,
mortals pulsate, evolve,
til' flesh and bones decay.

Tissue and sinew mess,
vessel's voice lets out cry:
'more time, more time'.

Sacred ancestral heart,
forgotten instrument
plays a joyless anthem.

NDỊ DỊ NDỤ

N'agbụrụ ọbula
ndụ na-akụ, na-enwogharị
rue mgbe anụahụ na ọkpụkpụ rere ure.

Akwarà na ike niile jikọrọ ọnụ ga-aghasasị
olu akwarà na-ebuga ọbara ga-ebe akwa:
'nyekwuo ọtụtụ oge, nyekwuo ọtụtụ oge'.

Mkpụrụobi ndị ochie dị asọ
ngwaọrụ e chezọrọ echezọ
ga-akụ egwu ukwe nkeonwe ahụ ọnụ adịghị.

BRAVEHEART

'Faith na wetin dey make person believe
sey e don see wetin e dey wait for.'
— Heb. 11:1.

from strong heart
> *obi siri ike*

to faint heart
> *obi dara ada*

to new heart
> *obi ọhụrụ*

dị ka a transplant patient
i dey between heartbeats

Papa for heaven dey breathe new life into ma body
i dey wait for better resurrection
> *mbilite n'ọnwụ*

in this altering   / altered place

i dey become
Papa's brave heart
> *obi dimkpa*

20

ON THE BRIDGE

I stand, lean over railings

toss pebble,

falls

    plummets

      down

      down

      down

'til

it

touches bounces

    along

      river surface

      water

disappears

into

dark void.

I

lift

my

gaze

up

to

sight

single

red

balloon

float

on

the horizon.

SICKNESS AS GIFT
Behind curtains, on hospital bed,
gentle seductive presence
gathers me in feathered embrace.

Sickness has a way of stripping a person down to bare-bones, both in a physical and spiritual sense. Sickness, a reduction process, dismantles a person to the point of death, unless an intervention such as medical treatment is introduced. If successful, this reverses death trajectory. Sickness, although extremely unpleasant in many ways and on many levels, offers pearls. Sickness, gift and burden. An angel, 'God in human form', attends and asks, 'Why are you here?'

ỌRỊA DỊKA ONYINYE
N'azụ akwà mgbochi, n'elu àkwà nke ulọọgwụ
Ka ahụ dị nwayọọ dọrọ m akpịrị
Dọta m n'ime ebe ahụ bụ nnabata ugbene.

Ọrịa nwere ụzọ o si akụtu mmadụ n'ala ka ọghọrọ naanị ọkpụkpụ efu, ma n'anụahụ ma n'ime mmụọ. Ọrịa, usoro nke na-adọtu mmadụ ala, kwatuo onye ahụ ruo n'okèrè nke ọnwụ, belusọ na e nwere ntinyeaka n'ebe onye ahụ nọ dịka ọgwụgwọ ahụike. Ọ bụrụna ọ gaa nkeọma, ọ gbanwee usoro ọnwụ. Ọrịa, n'agbanyeghị oke adịghị mma ya n'ụzọ niile nakwa n'ogo dị icheiche, na-enyekwa onyinye dara oke ọnụahịa. Ọrịa, onyinye na ibu. Otù mmụọozi, 'Chineke n'ụdị mmadụ', gbakwute were juọ, 'Gịnị kpatara I jiri nọrọ ebe a?'

THE BEATITUDES
according to ma kontri pipo

blessed be dem wey chop money

na dem go inherit the ruins, croon like lords

blessed be dem wey laugh plenti

na dem go live long in dis land of tears

blessed be dem wey belle full full

na dem go spit in the face of Jehovah

blessed be dem wey dey craze

na dem go scatter, spoil dis our Naija

Na so e dey be ma pipo

no be kingdom of chaff una dey build?

REST IN PEACE

The woman woke up six days a week to speak to screen faces. From breakfast to dinner, hours slipped between pixellated images, online shopping and social media surfing. Swipe: left, right, right. Hashtag: love, light, life. Meme: dancing Marge Simpson. In the evening, eyes transfixed by strobing TV lights where other screen beings present the unreal and surreal. On Sabbath, radio box drones on and on, walls close in. No angel of the Lord is sat on the wall. Only tessellated dragon. The days of tongue-speaking miracles, a distant memory. Sickness fell on the land. Fourteen days of darkness and the woman found herself staring into the abyss of another box, a coffin. In that time of dread none of the boxes and squares made sense. There was no life in them. Rest in peace.

WAHALA DEY

dem carry im body from Accra to Aro Chukwu
the tin no dey easy, for where?
by ambulance dem transport im through
closed borders, Cotonou and Togo
      n'ime afọ nke ndụ a, jikere maka ndụ ọzọ
      in di womb of dis life, prepare for di next

dem come bring list, no be one ooooo
first clan, then family bring plenti list:
alcoholic spirits, meat, kola nut, and rice
go fill coolers - ma friend, no be small tin
      n'afọ nke ndụ a, jikere maka ndụ ọzọ
      in di womb of dis life, prepare for di next

dem prepare church service, di Cathedral pipo,
dem tok na special programme for distinguished
Maazi, booklet come full thirty pages or so,
hymns and choruses in English and Igbo
      n'afọ nke ndụ a, jikere maka ndụ ọzọ
      in di womb of dis life, prepare for di next

dem tok dat church no go bury before clan
dey satisfied, no be small money dis wahala
di kain suitcase-load of naira we carry
use to bury ma dear papa, nwa Atani

25

n'afọ nke ndụ a, jikere maka ndụ ọzọ
in di womb of dis life, prepare for di next

e be like sey di customs of ma pipo
go finish us sef, threaten put ma broken body
for di same ground with ma papa,
but wetin we go do, sabi no be our culture?

TRURO, CORNWALL

Inspired by a Rosamunde Pilcher
novel (I'd read years ago), I travelled
to Truro for a long weekend break.
The plan: four days of ecstasy.
En route, I devoured
Cornish rivers, valleys,
surreal landscape,
extensive farms - admired, revered.
I soaked the August heat,
made my way from Cathedral
to Eden Project. In Truro,
it didn't bother me I was the only
black person in town, mingled with the locals,
German and white South African tourists.
(I only spotted two other people of dual heritage:
a hairdresser and a young lad at the Tesco till).
It didn't matter until...
On the day of my return home,
I made my way to the train station

Nigger... Nigger...

Had I heard wrong. Misunderstood the vitriol
which seemed to rise and fall, landed
on chest, crushing lead pipe.

I stopped. Saw four youths down the road.
The words fell hard on my ears

Nigger... Nigger...

Their sniggering looped round my frame,
tightened, suffocated
in cold embrace.
Soon to be hung on Empire tree.
I did not react, and they faded with the curve.
Or was it that I didn't have the nerve?
Their grip loosened, and I found
my feet.
Old insecurities resurfaced,
a lifetime bound in whitewashed worlds.
1970s Jerusalem...
1980s Oswestry...
1990s Virginia...
2010s Truro...
2020s Bristol...

CUSHI

Sister Agnes came by today. She came with a large box of baklava. Sister Agnes, originally from Trinidad and Tobago, now lives in the convent in Ras Al Amud, not too far from the Garden of Gethsamane. We've visited a few times. From her room, you can see Mount Olives. Sometimes I wonder what it's like to be a nun. At other times, I think I might be a nun. Sister Agnes plays the guitar and strummed Amazing Grace the time we visited. Daddy said we could take up piano lessons when we go to boarding school. But with Daddy's accident, I don't know if we will be going to boarding school. Sometimes I want to be as far away from here as possible. At other times, I only want to be here.

Sister Agnes and Mummy talked mostly about Daddy. Sister Agnes says she prays for him every day. I wish Sister Agnes' God would make Daddy better again. The other night, I heard Mummy pray-crying again. I don't know why Daddy got on that motorcycle. I don't understand why God didn't keep Daddy's foot away from the motorcycle wheel. In the same way, I don't know why God made Black people. I hate when people point at us, make monkey gestures, and call us "Cushi". Sometimes I wonder what it must be like to be God, to have all that power and do nothing with it. Sister Agnes says, God works in mysterious ways. I have no idea what that means.

COLLISION

In a split second I catapulted
Behind the veil
No longer here
Holding on to Jacob's ladder

I soar, reach for phantasmal veil.

I bounce off a trampoline
Flip, twist and topple
Lights blare, fireworks pop
and crackle — where am I?

On the other side?

Where the great dragon
breathes fire, gushes red, yellow and orange
Ten horns and seven crowns
circle the skies

I plunge, in search of water.

Dry mouth. Bloodshot eyes. Smashed jaw.
A horse, not a unicorn
jolts spirit-Me back into flesh-vessel
and the stink of burning tyres.

TWO SISTERS

Earth soaks slow-spilled blood
from the broken bones and bodies
of two sisters, Henna and Hannah.

Not twins. Step-or-Half siblings
at war. Reminiscent of Cain and Abel,
Jacob and Esau, Montagues and Capulets.

Skeletal Canaan hounds roam
land littered with mangled metal:
prayer beads, false teeth, I-phones.

Rain comes, turns dust to red mud
soiling endless rows of white linen;
laying silent, a long way from home.

PILLAR OF SALT

"I'm not gonna sugar-coat it," she said.
"Grief is a shit show. No answers. Only questions."

She arranges flowers in Gramps vase
bought years ago in a car boot sale.

"Grief calcifies, disorients," she said.
"Make room for Grief. Become acquainted, friends even."

I hold back tears, look away, remember my father,
I am turning into a pillar of salt.

OGIDI NNU

O kwuru sị, "Agaghị m akpụnye ya ọtọbịrịrị ka o wee tọọ ụtọ
Iru ụjụ bụ ihe ngosịpụta jọrọ njọ
O nweghị ọsịsa ọbụla. Naanị ọtụtụ ajụjụ."

Ọ hazị okokko osisi n'ime ite Papa Ukwu ya
Bụ nke ọ zụtara afọ ole gara aga nọdụ ahia ndi ji ụgbọala.

O kwuru sị, "Iru ụjụ na-akpọ ekwo nkụ na ndakpọ olileanya
Kwaara ihe nnwute ọnọdụ, nwee mmekọrịta ọbụladị nke ọtụtụ enyi."

Ejichiri m anyammiri, lefuo anya, chetakwa nna m
Ebe m na-aghọrọzi ogidi nnu.

SAY. MY. NAME.

Chinyere is my middle name,
God's gift, God's gift, God's gift.
From my mother's womb
my father prophesied over my life,
to remind me of *who* I am
whose I am, and *why* I am.

Imagine a society where my lips are no longer silent
with the pain of subjection and rejection.
No longer silent. Speaking my truth.

Imagine a community where my feet no longer shuffle
with shame, shackled by a hierarchy of colour.
But I stride confident to that high table.

Imagine a world where my black body is no longer
contorted to fit white expressions, white conceptions.
But I can just be — agile, expansive and free.

The paradigm of grace doesn't begin with privilege,
It's found in the depths, in the other, on the edges,
Grace is found in people that look like me.

Do you see me?
The whiteness of my eyes?

The contours of my face?
The brown of my skin?

Imagine a new dawn, where I am no longer treated as guest,
not a square peg being hammered into a round hole,
but accepted as a full flourishing member of the human family.

My name is 'Chinyere'
My name is 'God's Gift'
My name is 'Daughter'
My name is 'Beloved'
My name is 'Child of God'
Say. My. Name.

KWUO AHA M

Chinyere bụ aha nke ọzọ
Onyinye Chukwu, onyinye Chukwu, onyinye Chukwu.
Site n'afọ nne m
Nna m buru amụma gbasara ndụ m,
Iji echetara m onye m bụ
Onye nke m sitere na ya, nakwa bụrụ ihe m bụ.

Chekene obodo ebe ọnụ m agaghị emechi emechi
N'ihi ihe mgbu afụfụ na mkpagbu
Ọ gaaghị agbachi nkịtị.
Eziokwu m ga-apụtarịrị ihe
Ọ gaghị agbachi nkịtị. Aga m ekwurịrị eziokwu m.

Chekene maka ogbe, ebe agaghi akpụlite ụkwụ m
N'ihi ihere, nke ikikere mbulielu nke ụcha akpụkpọ ahụ butere.
Mana a kwudosịrị m ike ma garuo n'elu nkwago ahụ.

Chekene maka ụwa, ebe akpụkpọ ahụ ojii m enweghịkwa ike
Mmegharị iji adaba na nkọwa ndịọcha, na nghọta ndị ọcha.
Mana enwere m ike ịdị gara gara, gbasaa ahụ na m nwere onwe m.

Ịdịmma nke amara anaghị amalite n'isiọma,
A na-ahụ ya n'imeime, n'etiti ndị ọzọ, ọ bụrụ n'akụkụ,
Amara na-apụta ihe n'ime mmadụ ndị dịka m.

Ị hụrụ m?

Ụdịrị ụcha ọcha dị n'anya m?

Akara nrịbaama dị n'ihu m?

Ụcha nke akpụkpọ ahụ m?

Chekene maka ụwa ọhụụ, ebe a gaghị na-emezi m ka ọbịa,

Ọ gaghị abụzi ikụnye mkpọ kwesịrịnụ n'ebe o kwesịghị,

Mana ọ bụrụzie nnabata zuru oke dịka onye òtù nke ezinaụlọ mmadụ dum.

Aha m bụ 'Chinyere'

Aha m bụ ' Onyinye Chukwu'

Aha m bụ 'Nwa Nwaanyị'

Aha m bụ 'Ọdịmnoobi'

Aha m bụ 'Nnwa Chukwu'

Kwuo, Aha m.

BREAKFAST AT MOORIDGE

Sitting in a hammock chair,
I indulge in super bowl of porridge:
stewed pear, greek yoghurt and honeycomb.

Lucia art on the wall.
On bamboo shelves, faded books,
In morning rush, muted voices rise and fall.

I wonder if Jesus was a poet - whether
he composed poems from observation
and encounters with people on the edges?

Was it a poem he penned on the ground,
when encircled with adulterous woman,
waiting for hungry wolves to disappear

like today's institutions: Church, Police,
Post Office; managed and corrupted
by power baying for our blood.

They will never stop their menace,
the permanency of a road sign: Temple Row
temple walls no longer offer protection.

NRI ỤTỤTỤ N'OBODO MOORIDGE

Ịnọdụ ọdụ n'elu àkwà e kedoro n'osisi
Anọdụrụ m iri efere nri mmiri ọkụ, mmiri araehi na mmanuaǹụ

Ọrụǹkà Lucia dị n'elu amgbidi aja
N'elu nkwago osisi achara, akwụkwọ ndị chagharichara achagharị
    kposa
N'oge mgbapụ ọsọ ụtụtụ, ọtụtụ olu a kpachiri akpachi rịkata elu,
    ha arịtuwekwa ala

O juru m anya ma Jizọs ọ bụ odeabụ-ka
Ọ na-ahazi abụ site na nlelepụtaanya
Na mmekọrịta ya na ndị mmadụ n'akụkụ ngwụcha?

Ọ ga-abụnụ abụ ka o deturu n'ala
Oge ahụ nwanyị eiidere n'ikwa iko gbara ya okirikiri
Na-eche ka ndị aguụ agụ owuru ahụ gbasasịa

Dịka ụlọọrụ dịgasị icheiche n'ụbọchị taa: Ụlọụka, Ụlọọrụ ndiuweojii,
Ụlọọrụ nzipụ ozi: nke ndị njikwa na-emekwa mpụ
Agaghị akwụsị àgwà ọjọọ ha niile ahụ
Ndịgide nke akarauzọ: Ahịrị nke Ụlọ ofufe
Mgbidi aja ụlọofufe ndị ahụ anaghị enyekwa nchedo ọzọ

38

REVELATION

a birdcage elevator
trundles towards the new Jerusalem
where rats and foxes and owls
cannot enter the golden gate.

within the city walls
laughter bounces between mansions
the weightlessness of eternity
no longer a threat to wounded rogues.

MKPUGHE

okpokolo nkwaliteelu nke ụlọnnụnụ a kpachiri akpachi
daara na-adaga n'ala Jerusalem ọhụụ
ebe oke na nkịtaọhịa, tinyere anyaahụọkụ
agaghị enwe ike abanye n'ụzọ ọlaedo ahụ.

n'ime ọgbe aja ngwuru obodo ahụ
ụda ọchị na-akpọtụ nime nnukwu ụlọ dịcha na ya
ịdị mfe na adịghị arọ nke ebighiebi
abụghịkwa ihe nsogbu ọzọ
nyere ndị omekaome merụrụ ahụ ọzọ.

LOST IN TRANSIT

Wretched unknown pith

Hurtling towards the apocalyptic

Translated

Ungraspable by mortals

Silhouette, blown in the smog

Neither here/nor there

Clogged in micro aggressions

The whispers, unforgiving

Listen, whispering

Living, being

Resisting the construct, a non-alignment

Of White brutality

Self diminishes, swells

Posture of knowing and unknowing

Lost in transit

This world is not my home

O FURU EFU NA NGAFE

Ihe amaghị ama jọgburu onwe ya
Oke ọsọ igbakwuru ụwa mmebi
Nsụgharị
Enweghị nghọta nke ndi dị ndụ
Onyinyo ikuku anwụrụ ọkụ buuru
Ọ bụghị ebe a, mọọbụ ebe ahụ
Mkpuchiri site n'iwe enweghị isi
Ndị ntakwu ahụ, enweghị mgbaghara
Gee ntị, na-atakwurịrị
Ịdị ndụ nke mmadụ
Iguzogide ike owuwu ahụ, nke a hazighi ahazi
Nke obi ọjọọ ndị ọcha
Nledaanya nkeonwe na-ekowanye
Ọnọdụ amamiihe na amaghịihe
O furu efu na ngafe
Ụwa a abụghị ebe obibi m

MY HEAD IS BROKEN

all. i. see. IS. headlights.
not headlines, nor manna
not Christ, nor incense
resist thoughts, i don't want
to be a tweet, cliché, momentary
sigh, on someone's lips
straddling the cracks of life
in downward spiral, breath held
for years and years and years
i want to emerge, ready to exhale
what the fuck are heavenly birthdays?
i plead with the saint of lost souls:
find me. *choṭa m. choṭa m.*
in the depths, the darkness, the dull
ache of a broken head.

ISI M AGBARIELA

naanị ihe m na-ahụ bụ ịsịọkụ
ọ bụghị isiokwu, ọ bụghị achịcha si n'igwe
ọ bụghị Kraistị, ọ bụghịkanụ ihe nsure ọkụ na-esi isi utọ
guzogide echiche m achọghị
iji bụrụ twiiti, okwu a kpụ n'ọnụ, nwa mgbe nta
imapụ ụsọ n'egbugbereọnụ mmadụ
mmafere nsogbu nke ndụ
na mgbadata ala, njigide nke ikuru ume
nke afọ ruo n'afọ, tinyere ọtụtụ afọ
achọrọ m ịpụta na njikere ikuda ume
kedu ihe bụ ụbọchị ndị sitere n'igwe?
ndị nsọ mkpụrụobi ndị furu efu ka m na-arịọ
chọta m, *chọta m, chọta m*
n'ime olulu, nke ọchịchịrị, ihe mgbu
na-agwụ ike nke isi gbawara agbawa.

43

PENTECOST

The mind no longer knows
if its spirit has flown
beyond earthly confessions
memories fall, shadows
long, unyielding
soldiers take cover
in the trenches —
hidden, lost?
Time stop-starts, discord reminder
of dancing tongues of fire.

HEALING

In expansive high and lowlands,
rains drench purple moor grass,
mountain sheep skip and feed,
fragile, flawed, and roam free.

On another continent, torrential
rains turn soil to soft sludge,
goats scratch, bleat and slumber
Hardy, hopeful, and healing.

THE ROOM

Peeling ceiling paint
Gecko prints on worn walls

        between chest-of-drawers
        and window, his ùdù — silent

Empty Old Spice bottle
"Scent of a free man" he once said

        heap of washed suit shirts
        shades of blue, folded, waiting

Three years, five months, two days
Just gone noon when he died

        dust bunnies in wardrobe
        camphor ball memories

The crick in my neck tightens
On this day, in this room.

OLAYINKA
In memory

I'd wanted to go with you, but you said, 'A routine op, I'll be home in the morning'. I should have insisted, but my party outfit was all laid out on the bed, there was a boy I'd been keen on for weeks. Your eyes red with worry, your mother not sure at all. 'Mothers, what do they know?' I said, remembering mine who'd refused me riding lessons because she didn't want me to break my neck on a White Man's indulgence. You played with my braids as we sat in your beat-up Mustang, listening to Lauryn Hill. You killed me softly with your deep, rich voice. I rested my head on your chest when you smiled and said, 'See you tomorrow.'

I miss your smell: amala, ewedu soup and basketball workout sweat.

DEATH

Lingers, whispers a song
my ancestors drummed
at the new yam festival.

Laughs, sloshes down
my throat, soothing ripple
of sweet palm wine.

Embraces me, in the arms
of Chukwu, as we dance
and swirl towards the light.

ỌNWỤ

Na-egbu oge, na-atụnye nime ntị m
egwu ndị nna-nna m ha tiri n'ịgba
na emume ji ọhụrụ.

Nnukwu ọchị, wuturu
ezigbo mmaya nkwụ dị ụtọ
dara juu na akpịrị'm.

Na-amakụm, n'aka Chukwu,
ka anyị na agba egwu,
na agba gburu-gburu n'ebe ọkụ dị.

FORGOTTEN THINGS

The matching tattoos we got -
lopsided infinity symbols.
An e-card sent the night
your mother died of cancer.

The dirty, dank apartment
we lived in for three years.
Before unfiltered love soured,
trapped in clogged debris.

WINGED BEAST
If wishes were horses

Youth flits beyond the horizon.
Lost years gathered in a flask:
days when I picked and rolled
pebbles, sea glass and shells;
collected strays — cats, dogs
and men. A goldfish I fought
to love overheated in its bowl.

I lick wounds, tastes like coal.
Trace scars, no longer scabs.
Fingernails once clawed flesh
in passion and lustful desire,
scratch windowsill in a room
no longer quite enough for us.
I long to inhale stale sulphur

of the sea; to laugh, a Mojito
in hand; dance Salsa, Tango
or Merengue on sandy beach.
I long to run with white pelican,
watch it spread its wings — soar,
in its final push to glow again.
I wave *ijeoma* to winged beast.

KINTSUGI

I stopped believing in pots of gold
bookending rainbows muttering
messages of promise and hope.

I swapped childhood fancies
spun between Rumpelstiltskin
and the worlds of the Faraway Tree.

Each revolving land, a reflection
of fracture and flaw, confusion
and conflict, sin and suffering.

My new reality bends; refracts
through the lens of impermanence.
The cracked pot: clay, ugly and bold.

Years reveal chinks in my armour
pieces scatter under locust tree.
I am imperfect in the world's glare.

Strength arises in fractured, forgotten
places: restores, renews and heals.
A new creation in God's loving care.

SACCHARINE

Citrus stings nostrils,
I blink back the tears,
"He's dead! He's dead"
I whimper to *ruach*.

Time passes, lapses:

I drink jasmine tea,
with honey, a reminder:
sweet and tangy exist
together, eye watering.

Papa taught me to live.

ALGORITHM

Be birthed. Exhale. Stretch.
Be brave. Inhale. It is well.
Retreat. Refresh. Recalibrate.
Live more. Laugh more. Love more.
Be still. Release. Know God.

ACKNOWLEDGEMENTS

This collection is dedicated to my father, Mark Adiele Okoronkwo (1939-2021), who inspired in me a love for weaving language into gift baskets.

I am thankful for the support of my family:

Lois Uloma Okoronkwo (mother)

Lillian Ijeoma Okoronkwo (sister)

Hope Uche Okoronkwo (brother)

Nelson Chidioze Okoronkwo (brother)

I appreciate the contributions of all who have made it possible for this work to be published:

Dr Rosefelicia Afoma Okudo (translator)

Obiora Ozonzeadi (translator & reviewer)

LAY OUT YOUR UNREST